AF263087

LA FRANCE
CONSTITUTIONNELLE

PAR

R. C. PHILIPPAR.

PARIS

EN VENTE CHEZ HURTAU, LIBRAIRE

12-15, GALERIES DE L'ODÉON

—

1871

FRANCE CONSTITUTIONNELLE

Grâce à l'énergique prudence d'un homme que tous acclament avec une reconnaissance intéressée, la guerre sociale vient de prendre fin; mais, s'il faut en croire les échos du parlement allemand, cette guerre, si terrible qu'elle ait été, n'est qu'une première escarmouche ; l'ennemi vaincu ne pense qu'à réparer ses forces et, à son heure, mieux préparé, il se promet une revanche. D'autre part, la division politique s'accentue de plus en plus dans notre pays : les vieux drapeaux s'agitent, et la trêve, consentie à la prière patriotique de M. Thiers, nous laisse dans un état d'incertitude forcément dangereux, lorsque toute notre énergie serait à peine suffisante pour parer aux nécessités d'une paix doublement onéreuse. Le provisoire ne saurait être prolongé; chacun le sent. Il faut aviser, dit-on; et, dans les campagnes comme dans les ateliers des villes, les gens simples demandent qu'on en finisse. Écoutons ce vœu; et que chacun fasse loyalement son devoir civique en disant ce qu'il croit bon. Fermer les yeux sur le danger, ce n'est ni prudence, ni courage; c'est indifférence coupable ou lâcheté.

Pour moi, j'ai fait un examen sérieux des motifs qui devaient décider mon choix : j'aurais foi, me suis-je dit, dans le régime qui, dans le passé, a causé le moins de maux à mon pays; qui, dans la mesure de la faiblesse humaine, lui aura donné le plus de jours paisibles et, surtout, l'aura mis à l'abri des surprises redoutables que la guerre vient de nous apporter. Cet examen, je le soumets à mes concitoyens. Puissé-je réussir à leur faire adopter les conclusions auxquelles j'ai été amené.

Depuis 1793, la République, l'Empire et la Royauté constitutionnelle ont tour à tour régi notre pays. Liberté, amélioration morale et matérielle à l'intérieur, juste influence au dehors et surtout la paix, si précieuse à qui veut vivre en travaillant, voilà ce que ces gouvernements nous avaient promis. Jusqu'à quel point ont-ils tenu parole? voilà ce que nous allons examiner.

En 1793, la République proclame sa première constitution. Cependant, à l'intérieur, l'anarchie la plus complète ne cesse de régner, la misère croît chaque jour, et bientôt se développe une démoralisation, dont le souvenir est le titre le plus connu du Directoire à la mémoire des hommes. A l'extérieur, nos armes, saintement victorieuses pour repousser l'envahisseur, deviennent conquérantes, et les peuples, qui nous avaient d'abord accueillis comme des frères, ne tardent pas à ne voir en nous que des ennemis de leur liberté. La paix au dehors, l'ordre au dedans, devenus impossibles, créent d'abord la dictature hypocrite d'un Robespierre, puis celle d'un général heureux, qui, nouveau César, efface la République et crée l'Empire.

La République reparaît en 1848; elle est une surprise pour tous; aussi ses ministres improvisés laissent le pays exposé à toutes les souffrances de la misère et de l'anarchie ; l'émeute se promène dans toutes les villes et, pour comble, les journées de juin ensanglantent Paris et nous offrent l'esquisse du tableau hideux que nous présentera plus tard 1871. Lasse de tant de maux, la France, qui soupire après l'ordre, acclame le second Bonaparte.

En 1870, la République a été de nouveau proclamée, mais elle traîne si naturellement le désordre à sa suite que, même sous le feu de l'ennemi investissant nos murs et les bombardant, elle nous a donné les journées du 31 octobre, du 22 janvier, et est enfin venue aboutir au crime du 18 mars. Alors, aux maux de l'occupation étrangère, s'est ajoutée la guerre civile : Marseille, Lyon, Paris en ont été les principaux champs de bataille. Paris, tombé aux mains des déclassés de toutes les nations de l'Europe, qu'une fuite affolée de presque toute la population virile a laissés maîtres, voit se dérouler des saturnales qui rappellent celles de la Réforme en Allemagne. La loi des suspects, le pillage organisé sous le nom de réquisition, le massacre d'innocents, arrêtés à titre d'otages, et de ceux qui refusent de participer à l'œuvre d'une démagogie sanglante, enfin, comme dernier épisode, l'incendie de tous les monuments de notre gloire nationale ; voilà le dernier bilan de la République.

Examinons celui de l'empire :

En 1801, il fait son apparition. Il se justifie alors aux yeux de pays par l'ordre matériel et il l'éblouit par des victoires éclatantes sur des peuples, qui, d'abord agresseurs, ne pensent plus qu'à se défendre. De la liberté, il ne peut être question ; un seul droit domine, celui de l'Etat, et l'Etat c'est Napoléon. Les temps héroïques de l'antiquité reparaissent ; une véritable idolâtrie entoure le maître et prépare la légende fallacieuse, qui se raconte encore dans nos campagnes et aide à l'avénement ultérieur de Napoléon III.

Rien, cependant, n'échappe au despote; nos enfants, embrigadés dans les casernes de l'Université impériale, apprennent une foi d'État; les lettres, les arts ne produisent plus que sur commande; l'industrie et le commerce naissent et meurent par décret; la foi religieuse elle-même perd toute vertu : ses ministres prêchent la mission du maître, et le Catholicisme, qui, à cause de son ubiquité, échappe à une complète oppression, voit son chef sommé de reconnaître le nouveau Constantin et d'aider à la réussite de ses desseins. Cependant, la France, épuisée par vingt ans de luttes, ne peut plus fournir assez de soldats à l'infatigable conquérant, et l'Europe, instruite dans l'art de vaincre par ses défaites mêmes, renverse enfin l'édifice monstrueux qui pesait encore plus sur nous que sur elle. Notre territoire est envahi à son tour, et, lorsqu'une tentative désastreuse de restauration impériale eut échoué, notre France diminuée resta condamnée à une occupation militaire onéreuse et à une indemnité de guerre qui semblait devoir épuiser nos dernières ressources.

En 1852, l'Empire fait une seconde apparition, mais si, misérable parodiste, il prétend rétablir l'ordre moral, c'est par la violation des lois qu'il procède; par des déportations sans *jugement* qu'il l'assure. La propriété violée ne peut pas même s'abriter sous l'autorité de la justice : un conseil d'État complaisant sanctionne les volontés du nouveau César et proclame l'incompétence des tribunaux. La paix avait été le mot fatidique des proclamations et des discours du prétendant; c'est au cri de *l'Empire c'est la paix,* que les populations avaient voté, et, cependant, la Crimée, la Chine, la Syrie, le Mexique

voient s'épuiser les ressources militaires accumulées
par les gouvernements précédents. Affichant des doctri-
nes socialistes, chères au peuple, Louis-Napoléon dépen-
ple nos campagnes, entasse dans nos villes des ouvriers
qu'y attirent des travaux coûteux et dont beaucoup ne
répondent à aucun besoin réel : la main d'œuvre croît
sans doute, mais la vie, chaque jour plus chère, laisse
sans ressources l'ouvrier, qui, désabusé, prête alors l'o-
reille aux promesses des rêveurs ambitieux de la démagogie. Toute idée morale disparaît; les liens de la famille
se brisent, la démoralisation est à son comble. Notre agriculture, laissée sans bras, dépérit; l'industrie, livrée sans
préparation à la libre concurrence de l'étranger, affirme
par ses réprésentants les plus autorisés sa ruine immi-
nente; les finances publiques obérées ne se soutiennent
plus que par des emprunts couverts toujours sur le papier,
mais dont l'encaisse ne se fait plus réellement; l'agio
règne en souverain. Une folie ou plutôt un crime met le
comble à nos maux : la guerre de Prusse est déclarée; elle
nous conduit où nous sommes. Le second Empire a cessé
d'être, mais la France est démembrée, et son avenir est
engagé par les charges d'une dette accablante. Ainsi,
pour la seconde fois, l'Empire, qui, pour donner l'ordre,
nous privait de liberté, nous a laissés diminués de territoire et obérés d'une dette énorme.

La Royauté constitutionnelle a-t-elle été plus heu-
reuse? Proclamée deux fois, elle nous est apparue avec
les Bourbons de la branche aînée et avec les Bourbons
de la branche cadette.

Les premiers, quoique venant à la suite des armées
de l'Europe, « furent accueillis, dit Carnot, avec une effu-
« sion de cœur inexprimable. Les anciens républicains
« partagèrent sincèrement les transports de la joie com-

« mune. Napoléon les avait particulièrement tant oppri-
« més ; toutes les classes de la société avaient tant souf-
« fert, qu'il ne se trouvait personne qui ne fût person-
« nellement dans l'ivresse. » Cependant, chargés du poids
de nos désastres, obligés de panser nos plaies, ils ne
tardèrent pas à être considérés comme les auteurs des
maux qu'ils travaillaient à réparer. D'autre part, les émigrés, revenus à leur suite, ne comprirent jamais rien à la
Charte, et, plus royalistes que le roi, ils ne voulurent
point accepter de limites à son autorité. Dépouillés par
la révolution, ils étaient toujours prêts à réclamer la
restitution de leurs biens ; leurs idées choquaient, d'ail-
leurs, la nation. Malgré ces difficultés inhérentes à la situation, malgré la médiocrité d'esprit de Louis XVIII et
de Charles X, la vertu de la forme gouvernementale
qu'ils avait intronisée est telle, que nos finances se réta-
blirent, que l'ennemi rapidement payé n'eut bientôt plus
de prétexte pour occuper notre territoire et que les émigrés, indemnisés, n'eurent plus le droit de se plaindre.

Notre armée reformée conquit de glorieuses palmes par
l'affranchissement de la Grèce et par la conquête d'Alger ;
notre marine, reconstituée, se montra à Navarin la digne
rivale de celle de l'Angleterre. Le commerce, l'industrie
prirent un grand développement, et les arts et les lettres offrirent à l'admiration de l'Europe entière des
œuvres que l'histoire ne pourra négliger d'inscrire dans
ses annales. La France, florissante, s'attachait, malgré
une opposition ardente, à la dynastie qui lui donnait de
si beaux jours ; mais le parti des émigrés et la portion
fanatique du clergé catholique, qui n'avaient jamais
cessé d'obséder le roi, finirent par dominer son esprit.
Un désaccord sérieux se manifesta entre lui et la majorité
des chambres que soutenaient avec ardeur les républi-

cains et les bonapartistes coalisés, et lorsque, trompé sur ses droits, Charles X viola l'article 14 de la Charte, qu'il avait jurée, le peuple de Paris se souleva, et, après une lutte de trois jours, à laquelle la bourgeoisie prit une part réelle, après des démarches inutiles de conciliation, la Chambre des députés, seule représentation élue du pays, déclara la déchéance du roi.

Les Bourbons de la branche aînée avaient régné quinze ans et personne ne niera l'éclat prospère dans lequel ils laissaient le pays. Aussi, Bonapartistes et Républicains essayèrent vainement de faire changer la forme du gouvernement; on ne chercha qu'à effacer les causes de dissidence possibles, et, la Charte modifiée dans un sens libéral, on offrit le trône à un prince depuis longtemps connu, et qui jura sincèrement d'observer le pacte constitutionnel.

On a dit que la nation aurait dû être consultée directement; Lafayette a répondu à ce reproche : « Ce ne « sont pas seulement les Chambres et la population de « Paris, quatre-vingt mille gardes nationaux et trois cent « mille spectateurs au Champ-de-Mars, ce sont toutes « les députations des villes et villages de France, que « mes fonctions me mettent à portée de recevoir en dé- « tail ; c'est, en un mot, un faisceau d'adhésions non « provoquées et indubitables, qui nous confirment de « plus en plus que ce que nous avons fait est conforme « à la volonté actuelle d'une très-grande majorité du « peuple français. »

Avec Louis-Philippe, commence le second essai de gouvernement parlementaire. Le caractère de ce règne se trouve indiqué dans les paroles suivantes de Casimir Périer à la Chambre des députés : « Les principes que « nous professons, et hors desquels nous ne laisserons

« aucune autorité s'égarer, sont les principes mêmes de
« notre révolution. Nous devons les établir nettement,
« sans les exagérer, sans les affaiblir. Le principe de la
« révolution de juillet et, par conséquent, du gouverne-
« ment qui en dérive, ce n'est pas l'insurrection ; le
« principe de la révolution de juillet, c'est la résistance
« à l'agression du pouvoir..... Le respect de la foi jurée,
« le respect du droit, voilà donc le principe de la révo-
« lution de juillet, voilà le principe du gouvernement
« qu'elle a fondé ; car elle a fondé un gouvernement et
« non pas inauguré l'anarchie. Elle n'a point bouleversé
« l'ordre social, elle n'a touché qu'à l'ordre politique.
« Elle a eu pour but l'établissement d'un gouvernement
« libre, mais régulier. Ainsi la violence ne doit être, ni
« au dedans ni au dehors, le caractère de notre gouver-
« nement..... Il faut que l'ordre soit maintenu, les lois
« exécutées, le pouvoir respecté. C'est d'ordre légal et de
« pouvoir que la société a besoin. »

Le règne de Louis-Philippe fut, en effet, l'application
de ces principes. Sans doute, il y eut toujours des non-satis-
faits, mais la majorité du pays, qui n'aime pas les brusques
changements, se contentait des réformes qui marquaient
chacune des sessions parlementaires. Le cens électoral
abaissé créait un plus grand nombre d'électeurs et d'éli-
gibles. La presse, jouissant d'une liberté absolue, lorsqu'elle faisait l'œuvre, qui lui appartient, d'éclairer les
populations et de préparer les réformes, n'était contenue
par des lois sévères que lorsqu'elle touchait à la vie pri-
vée des citoyens ou menaçait les bases constitutionnelles
de l'Etat. Le jury, regardé comme une sauvegarde pour
tous, avait la faculté d'admettre des circonstances atté-
nuantes ; enfin, le sentiment bien connu du roi en faveur
de l'abolition de la peine de mort indiquait une tendance

qui se traduisit par des réformes sérieuses de la législation pénale. Des tentatives furent faites pour moraliser les coupables, et des établissements, dirigés par des hommes d'élite, furent ouverts pour l'éducation des enfants, qu'une condamnation semblait devoir jeter à tout jamais dans les bas-fonds de la société.

L'industrie, protégée sérieusement, vit plus que jamais ses produits recherchés sur les marchés étrangers, et notre marine la mit à même de faire concurrence à l'Angleterre qui, plus d'une fois, tenta de la rebuter par des vexations, qu'une politique patiente, mais sûre, finit par arrêter ; enfin, le commerce, l'agriculture reçurent, par la création des voies ferrées, une impulsion féconde. Si les misères de la classe ouvrière apparurent à cette époque, ce n'est pas qu'elles fussent plus grandes qu'autrefois, mais parce que cette classe put, sous un gouvernement libre, faire connaître ses besoins et que des esprits généreux, sinon éclairés, attirèrent l'attention sur son sort : aujourd'hui encore, la solution du problème du prolétariat n'est point trouvée, et l'on ne saurait, par conséquent, accuser nos devanciers, moins préparés, d'avoir échoué dans leurs efforts pour y arriver.

L'instruction, qui éclaire, moralise par contre-coup, et l'on ne peut nier que la loi de 1833 sur l'instruction primaire, sérieusement appliquée, n'eût pu adoucir l'esprit des ouvriers en les mettant à même de comprendre la difficulté que présente la réglementation des rapports du capital et du travail. D'autre part, le développement des caisses d'épargne, la création de salles d'asile et de crèches prouvèrent le désir sincère de la bourgeoisie de venir en aide aux classes pauvres.

Si l'avénement de Louis-Philippe avait donné satisfaction à la nation française, il avait paru, d'autre part, être une protestation contre la défaite de 1815. Les volontés de la Sainte-Alliance étaient traitées, en effet, comme lettres-mortes : les peuples le comprirent aussitôt ; mais, se trompant sur notre politique, ils crurent tout d'abord que nous allions courir de nouveau les aventures héroïques de nos pères. Cependant, si la générosité du peuple français le poussait à les soutenir, le roi, plus calme et appréciant sainement les véritables intérêts de la nation, eut le courage et l'honneur de résister.

« La liberté, disait Casimir Périer, doit toujours être
« nationale. Toute provocation étrangère lui nuit et la
« compromet ; de la part des particuliers, c'est un mau-
« vais service rendu aux peuples ; de la part des gou-
« vernements, c'est un crime contre le droit des gens.
« La France n'exhortera le monde à la liberté que par
« l'exemple pacifique du développement régulier de ses
« institutions et de son respect pour les droits de
« tous. »

Toutefois, la France n'abandonnait pas la cause des nations opprimées, et son gouvernement proclama le principe nouveau de *non intervention*.

Ce principe, tant décrié par les bonapartistes et les républicains, inspira cependant de sérieuses inquiétudes à l'Europe. « Nous devons protester, dit M. de Metter-
« nich, contre la prétention étrange du gouvernement
« français d'introduire pour sa convenance un nouveau
« droit des gens, dont on n'avait, jusque là, jamais
« entendu parler, et qui est purement et simplement le
« renversement de toutes les règles qui avaient jusqu'a-
« lors présidé à la politique des Etats européens. »

Le gouvernement français tint bon et déclara qu'il s'opposerait, même par les armes, à l'ingérence d'un gouvernement étranger dans les affaires intérieures d'un autre Etat. Il tint parole et fit preuve, dans deux circonstances importantes, d'une énergie et d'une initiative qu'on a trop oubliées. — Les Belges, réunis par les traités de 1815 à la Hollande, se soulevèrent. Le roi Guillaume marcha contre eux, mais fut battu et chassé de la Belgique. Les Puissances du Nord s'émurent, et le roi de Prusse, beau-frère du roi de Hollande, se crut en droit d'intervenir. L'énergique protestation de la France l'arrêta brusquement et, lorsque, l'année suivante, il se décida à marcher, une armée française de 50,000 hommes entra en Belgique et prit Anvers. L'Europe, surprise de cette conduite résolue, donna raison à la France par le traité de Londres, qui déchira virtuellement les engagements de la Sainte-Alliance.

En Italie, la France ne se montra ni moins ferme, ni moins sage. Une portion des Etats de l'Eglise s'étant soulevée, l'Autriche, invoquée par le Pape, fit entrer ses troupes à Bologne. A cette nouvelle, trois vaisseaux portèrent onze cents hommes à Ancône, qu'ils surprirent et occupèrent. Le Pape protesta, l'Autriche menaça, mais la France tint bon et déclara qu'elle n'évacuerait Ancône qu'après que les Autrichiens auraient évacué les Etats de l'Eglise.

L'alliance de l'Angleterre, recherchée sincèrement, n'empêcha pas la France de contrarier cette puissance, lorsque son intérêt l'exigeait. La branche aînée des Bourbons avait pris Alger, il fallut continuer l'œuvre. Chaque année, notre conquête s'étendit, et, cependant, l'Angleterre ne cessait de protester. Un immense territoire fut ainsi acquis et promet aujourd'hui à notre pays un magnifique avenir colonial.

En Portugal et en Espagne, le Gouvernement français

acquit une telle influence que l'Angleterre s'en blessa. Une lutte ardente s'engagea et eut pour résultat la conclusion du mariage du duc de Montpensier avec une infante d'Espagne et l'exclusion du candidat anglais à la main de la reine Isabelle.

Vis-à-vis de l'Allemagne, Louis-Philippe, fidèle à la politique de Richelieu, de Mazarin et de Louis XIV, formait des alliances aussi intimes que possible avec les petits États et savait cependant rester l'ami de la Prusse et de l'Autriche.

La politique extérieure était donc bonne, et voici ce qu'en écrivait M. de Nesselrode à Lord Palmerston : « La France aura gagné à la paix plus que ne lui aurait « donné la guerre. Elle se verra environnée de tous côtés « par un rempart d'états constitutionnels, organisés sur le « modèle français, vivant de son esprit, agissant sous son « influence. »

Hélas ! cette dépêche porte la date du 24 février 1848 : une révolution renversait en ce jour ce que l'élaboration lente de dix-huit années de régime parlementaire avait donné à la France.

CONCLUSION

Voilà ce qu'un examen rapide nous apprend sur les différents systèmes qui, depuis quatre-vingts ans, ont régné sur la France; aujourd'hui nous vivons sous un régime sans nom, et notre repos semble tenir à l'existence d'un homme. Cette situation n'est ni digne, ni sûre, — elle n'est pas digne, car elle a pour motif la crainte que nous fait éprouver la difficulté d'une solution ; —⸱ elle n'est pas sûre, car le parti impérialiste, si prompt à satisfaire les besoigneux décidés à tout, travaille ouvertement à une restauration. Il faut donc aviser : trois gouvernements s'offrent à notre choix. Au premier rang, par son ancienneté, se place la royauté dite légitime; mais, bien peu le nient, elle est en opposition, non-seulement avec l'esprit de nos lois, mais aussi avec nos mœurs. Son principe, c'est que son représentant est *roi de droit*; sa mission, il l'avoue, est de maintenir l'indépendance du pape et, par conséquent, dé détruire ce que l'Italie a enfin achevé.

La république, par sa date de naissance, vient se placer au second rang. Acclamée, lorsqu'elle ne se produit qu'à l'état de théorie, elle fait horreur dès qu'elle se manifeste par ses actes. Jamais elle n'a pu vivre sans mélange; aristocratique, dans les temps anciens et au moyen âge ; fédérale, dans les temps modernes, elle est, sous ces deux formes, antipathique à nos idées à et nos sentiments : la France ne reconnaît plus de classe privilégiée et ne veut pas d'une division qui livrerait rapidement son territoire à la conquête de voisins puissants.

Reste donc le gouvernement constitutionnel, c'est-à-dire *le gouvernement du pays par le pays, une république avec un président héréditaire*, ainsi que l'a si bien défini l'homme illustre qui nous gouverne aujourd'hui.

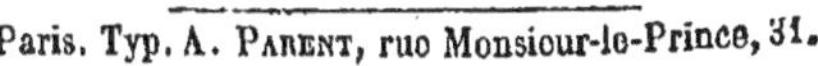

Paris. Typ. A. PARENT, rue Monsieur-le-Prince, 31.